AF315880

Extrait de la Revue de Paris.

Du

PROJET DE LOI

SUR

LES ÉLECTIONS.

Paris.

IMPRIMERIE D'ÉVERAT, RUE DU CADRAN, N° 16.

1831.

DU PROJET DE LOI

SUR LES ÉLECTIONS.

DU PROJET DE LOI SUR LES ÉLECTIONS. — DE LA LOI DU 5 FÉVRIER 1817. — DU SYSTÈME DES PLUS IMPOSÉS. — QUELS CHANGEMENS FAUT-IL FAIRE A NOTRE LÉGISLATION ÉLECTORALE? — DE LA FIXATION DU CENS. — EXAMEN DES ARTICLES DU PROJET.

Tout pâlit devant la loi des élections, même la retraite de M. de La Fayette, même la dissolution de l'artillerie. Que sont en effet ces embarras de la politique du moment, ces questions d'intérêt spécial ou d'amour-propre personnel, auprès de l'immense intérêt national, auprès du vaste avenir dont la loi des élections décidera? Le public a un sentiment fort juste de l'importance relative des choses; il les mesure et les classe très-promptement selon la vérité; et celles qu'il oublie vite ne méritaient probablement pas qu'il s'en souvînt long-temps. Faisons comme lui : oublions les incidens, les scènes d'intérieur qui nous ont occupés quelques jours, et prenons notre part du grand débat électoral déjà ouvert dans les bureaux de la chambre des députés.

La loi du 5 février 1817 sur les élections est sans contredit l'acte législatif le plus important des quinze années de la restauration. Dès le moment où elle fut proposée et discutée, on en sentit toute la portée. Ce fut en pleine connaissance de cause qu'elle fut attaquée et défendue. La faction contre-révolutionnaire comprit que cette loi la blesserait au cœur, et que là se trouverait un invincible obstacle à ses penchans et à ses desseins. Conférer le droit d'élection à tous les citoyens qui ont un intérêt manifeste au maintien de l'ordre et à la bonne gestion des affaires publiques, et qui sont présumés posséder assez d'indépendance et de discernement pour bien choisir, c'était prendre la France telle qu'elle est ; c'était l'appeler, sans ruse et sans fiction, à nommer ses représentans. Rien n'était mieux approprié à cette égalité sociale qui forme le caractère principal de notre pays. Ceux que choquait ou inquiétait une société composée de la sorte devaient donc combattre passionnément une loi qui rivait pour jamais un état de choses antipathique à toutes leurs idées. On se souvient encore de la discussion mémorable qui fut alors soutenue. Grâce à l'opposition contre-révolutionnaire, les avantages de la loi du 5 février furent compris de tout le monde. On vit disparaître les chimères du suffrage universel ; les systèmes d'élection à deux degrés dérivent aussi de cette idée que tout individu, sans acception de capacité, doit coopérer à élire ; ils cessèrent de se produire dans le début. Le caractère de simplicité et de franchise de la loi fut généralement apprécié. La raison publique commença dès lors à être convaincue qu'en ce qui touche les intérêts de la société, nul n'a le droit de faire ce qu'il n'est pas présumé apte à bien faire ; qu'élire est une fonction publique, plus facile sans doute à remplir que beaucoup d'autres, mais qui comporte pourtant de certaines conditions ; qu'exclure ceux qui ne présentent point ces conditions, ce n'est ni leur faire injure ni leur ravir rien qui leur appartienne. L'Etat doit justice et bon ordre à tous ; le problème politique est de se servir de chacun selon sa capacité pour arriver à ce résultat.

(5)

Le parti contre-révolutionnaire, en montrant une sorte de regret
pour les assemblées primaires et pour les électeurs populairement
élus, ouvrit les yeux à des hommes préoccupés d'anciens préjugés.
On comprit que cette forme d'élection était incertaine et menson-
gère, puisque ceux qui ne voulaient pas la véritable expression
de la société croyaient y trouver des moyens de succès.

L'événement répondit bientôt d'une manière éclatante aux pré-
sages que chacun avait attachés à la loi du 5 février. Dès lors la
restauration devint, pour ainsi parler, une longue lutte contre le
nouveau système électoral. Péniblement dénaturé par la création des
grands colléges et du double vote, faussé par de coupables manœuvres de l'administration, violenté par l'action des promesses ou des
menaces, subissant l'influence du triomphe de la cause des absolu-
tistes en Espagne, ce système a su en définitive résister à tout.
C'était le dard mortel que la restauration contre-révolutionnaire por-
tait dans son sein. L'emploi de M. de Villèle était de le corrompre; la
mission de M. de Polignac de le détruire. La Charte n'était le pal-
ladium de nos libertés que parce que nous avions su en tirer cette
loi. C'est elle qui nous a sauvés en 1827; c'est elle qui a fait la révolution de juillet; sans elle Charles X n'aurait pas eu à recourir
à de flagrantes illégalités. La loi des élections l'a condamné aux
ordonnances; la fermeté des électeurs et la vaillance des Parisiens
sont la manifestation d'un seul et même sentiment: chaque classe
se sentait forte de l'appui de l'autre; et, sans ce mutuel encou-
ragement, rien n'eût éclaté d'une façon si soudaine, si irrésistible,
si merveilleuse.

Ainsi jamais aucune loi n'eut une aussi belle sanction. Les faits
les plus éclatans en sont évidemment dérivés, et dérivés d'une manière prévue : ce que la raison avait conçu, l'expérience, sans tarder,
est venue l'accomplir.

D'où vient donc le déchaînement de quelques hommes contre
cette loi? D'où vient que ce qui nous a préservés hier de la tyrannie est aujourd'hui une oppression ; que ce qui a été quinze ans
traité de démocratique passe maintenant pour une scandaleuse aristocratie?

Sans nous occuper des hommes qui, obéissant à des préjugés et se payant de déclamations, n'admettent pas que ce qui était bon sous la restauration puisse être bon à présent, recherchons quelles sont les objections raisonnables et les reproches spécieux.

Parmi les adversaires du système actuel, les uns veulent l'étendre et lui donner une base plus large ; les autres voudraient l'abolir et lui substituer un système différent. C'est de ceux-ci qu'il faut s'occuper d'abord.

Personne n'a encore remis en discussion les élections à deux degrés. La jonglerie des assemblées primaires et le suffrage universel ont été proposés, il y a cinq mois, pour donner une constitution et un souverain à la France. Cette comédie dérisoire qui, deux ou trois fois sous la Convention ou l'Empire, servit à anéantir nos libertés, cet encens offert à la souveraineté du peuple comme à une vaine idole, coûte, dit-on, quelques regrets à de superstitieux adorateurs ; on n'en a pas encore parlé pour fonder une loi électorale.

Un certain nombre de plus imposés, proportionné à la population, paraît à beaucoup de personnes un système simple, régulier, et d'une symétrie qui plaît toujours au premier coup d'œil. On retrouve là, dit-on, toutes les garanties de capacité qu'on recherche dans un cens fixe, et, en outre, une plus exacte répartition du droit d'élire. Les nombres sont déterminés d'avance, et l'on appelle en fait les mêmes contribuables ; seulement, lorsqu'ils sont trop nombreux, ils subissent une utile réduction ; quand, au moyen du cens fixe, ils ne le seraient pas assez, la règle générale pourvoit à compléter chaque collége jusqu'à concurrence du même nombre.

Mais il y a entre les deux systèmes une différence complète de principes, une différence bien grande aussi dans la pratique.

Si sur dix mille habitans on désigne cinquante électeurs qui seront les plus imposés, il est évident que c'est dans la supposition qu'il suffit d'être dans les cinquante premiers de la liste pour être capable, pour avoir droit d'élire, et qu'il suffit d'être parmi les neuf mille neuf cent-cinquante autres pour être, par ce seul fait, incapable et sans droit. Vainement le cinquante-unième sera-t-il un homme riche, indépendant, éclairé; son numéro, son rang sur la liste l'exclut. Ainsi le droit, la fonction d'élire résulte, non pas de ce qu'on remplit certaines conditions, mais de ce qu'on jouit de la primauté. C'est un principe uniquement aristocratique, privilégié, exclusif. Vous en tirez aujourd'hui des conséquences larges et populaires; d'autres pourraient, en raisonnant de même, déplacer la limite. C'est de la sorte qu'on a motivé la création des grands colléges. C'est inféoder aux plus riches le droit d'intervenir aux affaires publiques; mauvais principe à déposer dans nos lois.

Il y a privilége, et pourtant on n'arrive à aucune fixité; c'est ici que le vice du système se voit tout à plein. Un contribuable se trouve dans les cinquante premiers; le voilà membre du collége; il exerce ses droits électoraux, la loi l'a reconnu capable; il donne à la société toutes les garanties suffisantes; rien ne change dans sa fortune, dans sa situation; mais un nouveau venu s'établit dans le canton; il a acheté une propriété qui paie davantage; voilà l'électeur dépossédé du droit d'élire; il fut citoyen dix ans, aujourd'hui il ne l'est plus. Est-ce là raison? est-ce là justice?

Pure subtilité, dira-t-on! Avec un cens fixe, tout se passe de même sorte. Le contribuable admis à 300 francs est exclus à 299. Un franc de diminution le dépouille du droit politique.

C'est l'effet de toute limite nécessaire; il en faut une, et cependant la différence entre ce qu'elle sépare immédiatement semble idéale et absurde. En y regardant mieux, on sentira combien les deux systèmes diffèrent. Je paie un cens fixe, et la loi m'a déclaré capable; je le suis de mon propre droit, et non pas d'une manière relative. Un survenant ne m'expulsera pas de la liste; cette capacité, je la porterai partout où j'irai établir mon domicile politique. Je ne serai pas citoyen dans un arrondissement, sans droit de cité dans un autre. Et si je n'ai pas cette quotité d'impôt qui confère le droit, du moins je pourrai l'acquérir. La liste n'est pas close à un certain nombre. J'ai 290 francs de contribution; à grand'peine j'économise et j'achète de quoi en payer 300; me voilà électeur. Songerai-je à le devenir, si une fois que j'ai réussi à l'être, ma position n'a rien de fixe, et si le hasard peut me déposséder du droit précieux que je voulais avoir?

A-t-on bien réfléchi à l'influence que ce sentiment du droit, cette certitude, cette définition simple du droit de cité ont exercée sur l'esprit des électeurs depuis quinze ans? C'est par là qu'a pu se former cette corporation électorale, cette nation politique qui avait appris à se connaître, qui, d'élection en élection, savait mieux sa force, prévoyait les renforts qu'allait lui donner le progrès de l'âge ou le mouvement des fortunes, et, sûre de l'avenir, s'encourageait dans le présent.

Et ici nous arrivons à la partie la plus pratique de la question, à la permanence des listes et à l'intervention des tiers.

Dire que ces deux grands avantages, ces deux nécessités de toute loi électorale, disparaîtront complétement dans le système des plus imposés, c'est peut-être aller un peu trop loin. Cependant ce ne serait pas s'écarter beaucoup de la vérité.

Lorsque l'administration, commettant une faute ou trompée par de faux documens, a porté un électeur sur la liste en mentionnant la quotité de ses contributions, un tiers sait, en intervenant par voie de réclamation ou d'assignation judiciaire, qu'il pourra le faire rayer du nombre des électeurs. En réalité, ce faux électeur ne paie pas le cens; voilà qui est clair, il n'a pas droit. Mais le réclamant, en faisant retrancher une portion d'impôt indûment alléguée, a-t-il la même certitude d'empêcher tel ou tel d'être un des plus imposés? Nullement. D'ordinaire ces discussions ne portent pas sur les contribuables les plus riches; elles n'ont pas pour objet la totalité de l'impôt, mais quelque petite fraction qui place l'électeur au-delà ou en-deçà du cens fixe. Ainsi il sera fort douteux qu'en obtenant le retranchement de cette fraction on obtienne la radiation qu'on voudrait; car à la même époque une foule de réclamations tiendront dans la fluctuation et l'incertitude toute la queue de la liste. Alors nulle ardeur de la part des tiers; car le résultat de leurs efforts sera incertain. Ils n'iront pas se donner une peine inutile, se faire gratuitement des ennemis. Ce zèle qui a été, qui doit toujours être si profitable à l'esprit électoral, qui appuie et corrobore l'empressement à voter, l'indépendance du suffrage et toutes les vertus de l'électeur, si on peut s'exprimer ainsi, ce zèle s'éteindra, et l'administration restera maîtresse de cette portion flottante qui terminera la liste des plus imposés. C'est là que les fraudes se commettront avec toute facilité. Nos précieuses garanties de la loi de 1828 seront perdues.

Il y a plus : cette incertitude empêchera une foule d'électeurs de faire connaître et valoir leurs droits. Un contribuable sait qu'il paie le cens fixe ; l'administration l'ignore, si ce cens se compose d'articles distincts, situés dans des cantons ou départemens différens. Le contribuable réunira ces articles et se fera inscrire, s'il sait d'avance que son droit est certain. Comment le saura-t-il tant que le chiffre qui clôt la liste par le dernier des plus imposés n'aura pas été arrêté? Ce contribuable ne saura qu'après la liste fermée qu'il aurait pu s'y faire inscrire. Là encore vous substituerez l'incertitude à la fixité, l'indifférence au zèle.

Le système des plus imposés serait donc un bouleversement complet non-seulement du principe de notre loi électorale, mais de toute l'économie de son exécution.

Maintenant considérons les avantages qu'on suppose à ce système. Ils se réduisent à deux : une plus juste répartition du droit électoral, la fixité et la certitude dans le nombre des électeurs.

A Paris il y a un électeur pour quatre-vingts habitans ; dans les Hautes-Alpes un électeur pour mille habitans. C'est assurément une grande inégalité ; elle n'est pas aussi injuste qu'elle le semble. Si c'est la capacité, c'est-à-dire le discernement et l'indépendance présumés qui confèrent le droit d'élire, il est évident qu'à Paris il y a proportionnellement plus d'hommes riches et éclairés que dans les Hautes-Alpes. Là où il y a plus de commerce, plus de lumières, plus de mouvement d'opinion, plus d'occupation des intérêts publics, on appelle un plus grand nombre d'électeurs ; cela est juste. C'est le contraire qui ne serait pas raisonnable. Si, pour l'amour de la symétrie, on avait dans le département des Hautes-Alpes une majorité d'électeurs ne sachant ni lire ni écrire, ou bien qu'on retranchât les trois quarts des électeurs de Paris, les élections s'en trouveraient-elles mieux?

Quant à l'incertitude du nombre d'électeurs qui composeront chaque collége, quel en peut être l'inconvénient? En quoi la sincérité des élections sera-t-elle altérée, parce qu'un arrondissement électoral formé d'une grande cité aura un collége plus nombreux qu'un arrondissement rural? Le système des plus imposés offre une incertitude bien plus fâcheuse, car on ignore jusqu'à quel taux de contribution il ferait descendre le droit d'élire. Ici ce serait peut-être à 260 francs, ailleurs à 50 ou 25 francs. Le moins imposé de la liste de Paris paierait peut-être quatre ou cinq fois plus de contributions que le moins imposé de la liste de Gap. Cette incertitude est le vice principal d'une loi des plus imposés. Dès qu'elle distribue un peu largement les droits électoraux, on ne sait à qui ils pourront échoir; ils descendront peut-être à des hommes qui n'ont aucune indépendance de fortune, et qui seront totalement illétrés.

Venons aux objections qui ont été dirigées, non contre le principe de la loi du 5 février, mais contre quelques-unes de ses dispositions. Cherchons les amendemens qu'elle peut recevoir.

Dans le temps même où elle fut proposée, on critiqua avec juste raison la réunion de tous les électeurs au chef-lieu de département. Portés loin de leur domicile et de leurs relations habituelles, forcés de se concerter et de combiner leurs suffrages avec des électeurs arrivés d'une autre région du département, ils pouvaient bien manifester leur opinion politique par le candidat qu'ils adoptaient; mais ce candidat, ils ne le choisissaient point : ce ne pouvait être l'homme de leur préférence, le représentant véritable de leur localité. La connaissance personnelle du candidat, l'estime de son caractère et de sa vie privée, la gratitude des services rendus, la conviction de sa capacité, n'entraient souvent pour rien dans les motifs de l'élection. Elle était surtout déterminée par des influences générales, des considérations d'esprit de parti ou des manœuvres de l'administration. L'électeur devenait la proie des intrigues et des suggestions.

On a pu remarquer aussi combien l'élection est à la fois plus vraie et plus significative lorsqu'elle ne porte que sur un seul député. La lutte entre deux opinions opposées qui produisent chacune son candidat a des effets salutaires. Chaque parti se trouve contraint à bien choisir celui pour qui il veut obtenir la majorité ; souvent il le prend parmi les hommes sages et modérés, afin de recruter le suffrage de la portion moyenne de l'assemblée. Les capitulations ou les marchés qui font accepter le député qu'on ne voudrait pas, afin d'obtenir aussi celui qu'on veut, faciles lorsqu'on élit par un scrutin de liste, sont impossibles lorsqu'on a un choix unique à faire. La médiocrité intrigante n'a plus les mêmes chances pour se faufiler dans les transactions. Il est aussi beaucoup plus difficile d'exercer des influences sur la portion la moins éclairée des électeurs. La question, posée sur deux candidats seulement, devient claire et à la portée de tous. Chacun sait ce qu'il fait et le résultat auquel il veut parvenir. Le scrutin individuel, et chaque député élu par un collége, c'est là une condition nécessaire de toute loi électorale qu'on voudra rendre conforme à l'opinion générale. Il y a sur ce point une conviction populaire due à l'expérience. La loi du 29 juin 1820, qui créa les grands colléges et le double vote, institua en même temps les colléges d'arrondissement, et cette portion de la loi a obtenu un assentiment universel. Dépouiller aujourd'hui les subdivisions d'un département du droit d'élire, déplacer les électeurs, diminuer leur part d'action en les perdant dans une masse qui ne se connaît pas elle-même, ce serait exciter un vif mécontentement.

Une autre objection, qui est aussi très-fondée, c'est que l'application invariable et absolue d'un cens fixe conduit à une inégalité de nombre trop grande entre les colléges électoraux, et détruit parfois toute proportion raisonnable entre la population et la quantité des électeurs. Nous avons dit plus haut que cette injustice était plus apparente que réelle, et que le nombre d'hommes possédant la capacité présumée doit être proportionnellement beaucoup plus grand dans les populations agglomérées, riches et commerçantes. Toutefois il ne faut point tomber dans une exagération obstinée, et pousser la rigueur des principes jusqu'à soutenir que les trente électeurs de la Corse forment un collége suffisant. Convenons même qu'il y a quelque chose de vrai dans ce qu'on dit contre l'uniformité du cens, comme signe présumé de capacité. Dans tel département pauvre et de population rurale, où la vie n'est pas chère, où le luxe s'élève à peine jusqu'au bien-être, mille francs de rente peuvent constituer une position plus considérable que deux mille francs de revenu dans une grande ville. Si on subdivisait davantage les colléges, si dans les départemens qui n'en ont qu'un seul on en créait plusieurs, le cens fixe appliqué dans sa rigueur pourrait produire des résultats déraisonnables. Il y a tel collége qui n'aurait peut-être pas douze électeurs.

Cet inconvénient avait été aperçu dans la discussion de la loi du 5 février, et l'objection fut vivement proposée; mais le texte de la Charte empêchait alors d'y porter remède. La condition imposée pour tout électeur était de payer 300 francs d'impôt. On se trouvait enchaîné, et l'on accepta les conséquences exagérées du principe absolu d'un cens fixe.

En baissant le cens, l'inconvénient serait moindre. Toutefois il subsisterait toujours; car le cens qui donnerait à la Corse cent électeurs pourrait bien en donner cent mille à Paris, et l'on arriverait par une autre voie à une autre absurdité. Il faudrait donc y pourvoir autrement. La Charte indique quel mode doit être suivi. Lorsqu'un département n'a pas cinquante éligibles, on complète ce nombre au moyen des plus imposés. C'est aussi ce qui serait à faire si un arrondissement électoral n'avait pas un nombre suffisant d'électeurs. Le système des plus imposés, appliqué par exception et localement, ne présente pas les inconvéniens généraux que nous avons signalés. Il n'attente en rien à la fixité du droit électoral résultant du cens fixe. Les plus imposés sont alors, pour ainsi dire, appelés provisoirement en l'absence des électeurs de droit; c'est le juge suppléant qui siége parce que l'emploi est vacant. Tout contribuable conserve la faculté et l'assurance de devenir électeur en acquérant le cens légal. Cette exception n'a rien qui détruise la règle. Sur cet article, il y a encore peu de dissentiment dans les opinions. Quel sera le minimum du nombre d'électeurs pour former un collége électoral? Telle serait la seule question.

Enfin, l'abaissement du cens qu'avait fixé la Charte de 1814, et conséquemment la loi du 5 février, est, au fond, le point important qui préoccupe tous les esprits. C'est la portion pratique de la discussion bien plus qu'un changement de système et de principes. Il y a d'abord une chose généralement convenue, c'est que le nombre actuel des électeurs n'est pas assez grand, surtout si les colléges sont fort subdivisés. D'ailleurs c'est par une exécution judaïque de la Charte de 1814 que le cens électoral a été maintenu au taux de 300 francs. Depuis la restauration, divers dégrevemens ont abaissé l'impôt direct; il était donc de toute justice d'abaisser aussi le cens électoral. Ce cens ne confère le droit d'élire que comme signe d'une capacité présumée. Si l'impôt diminue, la fortune de l'électeur, loin de diminuer, augmente; ainsi sa capacité ne peut disparaître par la circonstance qui doit l'accroître. Cette juste réclamation fut élevée dès 1820, et ne fut point écoutée. Les dégrevemens de l'impôt foncier avaient une intention politique. On voulait diminuer le nombre des électeurs encore plus qu'on ne songeait au soulagement des contribuables.

C'est donc avec raison que la Charte modifiée ne fixe plus aucune condition électorale, et renvoie à la loi cette détermination qui ne doit pas avoir en effet le caractère immobile d'une garantie constitutionnelle. Les conditions électorales n'ont rien d'immuable. Il ne aut pas sans doute qu'elles varient au gré des majorités et des chances alternatives des opinions diverses; les lois, pour inspirer respect et sécurité, doivent être durables, et il ne faut pas les tirailler en tout sens. Mais il y a pourtant dans le droit d'élire quelque chose qui tient aux circonstances, non pas à des circonstances accidentelles, mais à l'état général de la société. Plus de richesse et de prospérité, l'instruction et les lumières plus répandues, cette sorte de bon sens public qui résulte pour un peuple des épreuves de l'expérience et surtout du cours paisible et régulier des événemens, tout cela doit être pris en considération. Ce sont des progrès qu'on doit suivre. Rester en arrière de la société est un des dangers dont le législateur doit le plus se garder.

Ajoutons que la nation française vient de donner d'éclatantes preuves de l'esprit de sagesse, de discernement, de justice, de noblesse, dont sont pénétrées toutes les classes qui possèdent ou qui travaillent. Ainsi le moment est venu d'agir sans méfiance, d'abjurer ce sentiment, caractère principal de la restauration. Aujourd'hui le gouvernement et le pays ne sont plus deux ennemis en présence ; la Charte de 1830 n'est pas la condition d'un armistice comme la Charte de 1814 : c'est un contrat passé volontairement, avec joie et confiance.

Sur tout cela tous les gens raisonnables sont d'accord ; mais, lorsque de ces généralités on arrive à chercher le chiffre du cens électoral, la division éclate. Les uns plus ardens, plus pressés, plus hardis dans leurs espérances, plus amoureux de ce qu'ils appellent la popularité ; les autres plus prudens, plus occupés du présent que de l'avenir, ne voulant rien compromettre des résultats de notre belle révolution, plus occupés d'obtenir une considération durable qu'une popularité fugitive.

Et cependant le moment où nous sommes est si remarquable par la modération et la sagesse qu'au fait ce grand dissentiment, quelle que soit sa vivacité, se renferme dans un intervalle fort restreint. Pour dire vrai, parmi les hommes politiques, et dans la sphère légale des deux chambres, le maximum du parti prudent est de 250 francs, et la prétention du parti ardent est de 200 francs.

Sur cela que dire ? Quelle règle, quel principe peuvent déterminer la conviction, amener les opinions à se modifier, lorsqu'elles dépendent surtout du caractère individuel de chacun, de la situation où il se trouve, de l'impulsion qu'il a reçue, du point de vue qu'il choisit ? Personne ne veut le désordre ; personne ne veut la tyrannie ; tous sont même disposés à faire des sacrifices d'opinion, à ne rien exagérer, à ne se montrer ni intoléráns ni exclusifs.

Il faut donc se borner à présenter aux bons esprits quelques réflexions générales, susceptibles de plus ou de moins dans leur application, car il s'agit seulement de plus ou de moins ; on marchande plutôt qu'on ne dispute.

Ce qui est incontestable, c'est qu'aujourd'hui la liberté n'est pas en péril ; qu'il ne s'agit pas, comme sous la restauration, d'obtenir des places de sûreté contre le pouvoir. Le gouvernement de notre roi national doit vivre en toute confiance avec le pays ; mais nous aussi nous n'avons pas à nous méfier ; nous ne devons pas être exigeans et précipités dans nos désirs et nos espérances. D'ailleurs la loi qui a sauvé nos libertés sous la restauration ne peut devenir un instrument d'oppression après la révolution, surtout lorsqu'elle sera renforcée de beaucoup de précautions et de garanties, lorsqu'elle appellera un nombre plus grand d'électeurs.

L'inquiétude qui règne en ce moment est relative non à la liberté, mais à l'ordre public, à la régularité de l'action du gouvernement, au maintien de ce qui est. Admettons que cette inquiétude est fort exagérée ; elle existe pourtant ; elle nuit au crédit public ; elle arrête les transactions commerciales. Notre premier, notre plus impérieux besoin, c'est la prospérité intérieure ; il faut absolument qu'elle vienne couronner notre révolution : alors la France sera le pays le plus noblement heureux de l'univers. Tous nos soins doivent donc tendre à dissiper ce sentiment d'inquiétude, à donner pleine et entière sécurité.

Ce qui pourrait répandre le plus d'alarmes, ce serait de se jeter du connu dans l'inconnu, pour une chose aussi grave, aussi importante que l'élection des députés. Être inquiet sur ce point, c'est l'être sur tout, sur l'ordre public, sur l'administration de l'état, sur ses engagemens ; c'est en définitive être inquiet sur le maintien de notre liberté, qui se perdrait le jour où le désordre se mettrait parmi nous.

Or, nous savons quelle est cette nation électorale qui a défendu nos lois avec fermeté, qui a résisté aux menaces et aux séductions d'un gouvernement prévaricateur, qui nous a sauvés de la tyrannie. Nous savons de quelles classes de citoyens elle se compose, quelles lumières on trouve en elle, quel esprit la dirige, ce qu'elle a d'indépendance, à quelles influences elle obéit. Nous savons cela pour cent mille électeurs. A dire vrai, nous le savons aussi pour un nombre plus grand ; les dégrèvemens ont en effet réduit de beaucoup la quantité d'électeurs, et les trois ou quatre premières élections ont été accomplies avec un nombre qui doit être rétabli. Il y a plus ; nous pouvons, par analogie, baisser le cens jusqu'à un certain point, avec la certitude suffisante que l'on conservera au corps électoral une composition analogue, un esprit de même nature ; et alors il y a toutes sortes d'avantages à faire entrer dans ces fonctions un plus grand nombre de citoyens : c'est profiter du progrès de la raison publique ; c'est la confirmer ; c'est la répandre. Comme aussi se méprendre et descendre jusqu'au point où l'on ne rencontrerait plus discernement, indépendance, sympathie avec l'ordre public, ce serait reculer dans la carrière du perfectionnement et de la vraie liberté.

D'ailleurs c'est cette même raison publique si honorable pour la France qui autorise le législateur à ne pas se laisser aller à une funeste complaisance, à ne pas déposer dans la loi une imprudente flagornerie populaire. Les classes où l'on rencontre peu de lumières, de loisir ou d'indépendance, sont néanmoins devenues assez raisonnables en France pour qu'on puisse leur dire la vérité et pour qu'elles la comprennent. Elles ne réclament point des fonctions qu'elles ne sauraient point remplir. Ce qu'elles veulent, c'est justice, protection, égards. Un instinct plein de justesse leur enseigne qu'en les attirant dans le mouvement politique on voudrait se servir de leur action pour des intérêts d'ambition ou d'opinion. Ce sont les gens de parti qui les appellent, avec l'espoir d'en faire un troupeau servile votant à commandement. Notre législation électorale, dans sa sincérité, honore bien plus la population que les saturnales des élections anglaises, qui déguisent le défaut de liberté sous un semblant de licence ; chez nous ce ne serait pas l'aristocratie territoriale qui disposerait de cette classe de suffrages, mais on verrait tantôt des entrepreneurs d'élection, agens d'intrigue ou de faction ; tantôt le clergé, tantôt d'anciens chefs de guerre civile, tantôt l'administration s'emparer d'une influence aveuglément subie. Ce ne serait point avec de l'argent qu'on corromprait les votes, point avec des liqueurs fortes qu'on énivrerait les électeurs : telles ne sont pas nos mœurs. On les égarerait par de grossiers mensonges, on les exalterait par de grossières déclamations. C'est pour cela que M. de Villèle réclamait en 1816 des électeurs à 50 francs ; c'est pour cela que, même sous l'empire de notre législation actuelle, les fonctionnaires regardaient comme acquis à l'administration les votes des électeurs peu nombreux qui appartenaient aux professions mécaniques.

Mais la loi confère sans doute à des citoyens fort peu riches le droit d'élire les conseillers municipaux. Ils choisiront les officiers de la garde nationale ; leurs choix ont présenté un caractère de sagesse et de discernement, sans doute, et leur refuser de telles attributions serait une grande faute, une injure, une injustice. S'en suit-il qu'ils doivent aussi élire les députés ? Autre chose est nommer à un emploi dont on connaît parfaitement les attributions, avec lequel on a des rapports journaliers, qui a des fonctions pratiques et positives ; autre chose choisir l'homme qui sera appelé à traiter à la chambre des questions dont on ignore même l'énoncé ; autre chose est prendre pour capitaine ou pour conseiller de la ville son voisin, autre chose choisir pour député un homme dont on ne saurait apprécier le mérite et les titres.

Toutefois il faut se garder d'un dédain superbe. Les lumières et la raison descendent plus qu'on ne l'imagine communément. Les progrès ont été grands depuis quinze ans : ils seront plus rapides encore ; mais les conditions électorales ne sont plus invariables. La loi pourra changer : elle suivra le cours de la civilisation française, si cette fois on double le nombre des électeurs, et que l'épreuve tourne au profit de la sécurité générale ; si deux cent mille électeurs donnent mandat à des députés qui à leur prudence et à leurs lumières ajouteront l'autorité plus grande, conférée par une élection plus large et par des suffrages plus nombreux, il deviendra évident que l'on peut étendre encore le cercle des droits politiques. Alors qui empêchera que dans dix ans, dans cinq ans, à la veille d'un renouvellement, le cens reçoive un nouvel abaissement. Rien n'est perdu pour la liberté dans un délai de quelques années ; tout serait compromis si une chambre des députés, imprudemment élue, apportait le trouble dans le mécanisme constitutionnel, si l'harmonie ne pouvait s'établir entre les grands pouvoirs de l'état.

Après avoir discuté les principes généraux de la législation électorale, il devient plus court et plus facile d'examiner les dispositions fondamentales du nouveau projet de loi.

Son plus grand défaut, celui qui a, dès l'abord, frappé tous les esprits, c'est de ne se rattacher à aucun principe, d'être une conception arbitraire ; en reconnaissant avec l'opinion générale que le nombre des électeurs est trop restreint, le projet semble dire : « Voulez-vous des électeurs ? En voilà ! Est-ce le système des plus imposés ? Non. L'inégalité dans la représentation électorale, le défaut de proportion du nombre des électeurs avec la population subsiste dans toute sa force, il est même plus saillant en doublant les chiffres. — Et quel est ce chiffre ? Qui l'a donné ? C'est l'ancien système du cens fixe ; on le prend pour base au moment où on le quitte. S'il est mauvais, pourquoi prendre ses résultats comme point de départ ? S'il est bon, pourquoi ne pas le conserver en l'étendant ! On prend les listes de 1830 et on les double. Pourquoi celles de 1830, plutôt que celles de 1829 ou de 1827 ?

En même temps, quelle que soit la réprobation portée contre le cens fixe, on ne peut nier qu'il importe de savoir quels électeurs nous aurons : s'ils seront riches ou pauvres ? à quel ordre de citoyens ils appartiennent ? Or c'est là ce qui reste entièrement inconnu, et ce qui évidemment sera soumis à une variété infinie. Il est possible qu'entre deux départemens, même entre deux arrondissemens voisins la différence soit grande. Là on votera à 250 f. ; ici à 50 francs. Si un trop grand abaissement du cens inquiète les esprits en nous donnant un corps électoral dont la composition serait imprévue, le projet de loi est encore bien plus alarmant par son incertitude. Nous ignorons peut-être combien il y aurait d'électeurs à 200 francs ; mais du moins nous nous faisons quelqu'idée de la capacité et des garanties que pourrait présenter un électeur dont nous savons le cens. Avec le projet de loi, cette connaissance nous échappe. Tout est vague, obscur, et remis au hasard.

En même temps toutes les objections sur la permanence des listes et l'intervention des tiers restent sans réplique. En vain a-t-on copié les formalités et les garanties de nos lois électorales; elles avaient un plein et entier effet lorsqu'il s'agissait d'un cens fixe. Nous avons montré qu'elles perdaient leur efficacité quand on voulait les appliquer à une liste de plus imposés. — A quoi servira maintenant, entre autres, la commission des maires et des percepteurs du canton. Ils peuvent bien savoir qui paie ou ne paie pas le cens légal; ils ignorent quels sont les plus imposés; car cela dépend d'une comparaison avec les contribuables des autres cantons. Et cette comparaison, ils ne peuvent la faire. Les listes se feront à la préfecture; là seulement il sera possible de les dresser. C'est ce qu'on avait voulu éviter par la loi de 1828.

Outre les plus imposés, le projet confère le droit électoral à presque tous les citoyens qui étaient portés sur la seconde liste du jury. L'intention est bonne : elle répond à un vœu général exprimé depuis long-temps. Il est hors de doute qu'il y a des capacités indépendantes de la richesse ; que des notabilités intellectuelles, lorsqu'elles sont constatées par un signe évident, ne peuvent sans injustice être exclues du droit de cité. La question est donc de chercher ce signe évident d'une capacité qui se compose à la fois de discernement et d'attachement pour l'ordre social. C'est en ce sens qu'il faut examiner les catégories du projet de loi; et les membres des conseils généraux de département ne peuvent donner lieu à aucune objection. Il sera rare sans doute qu'ils ne soient pas déjà électeurs, surtout si un cens d'éligibilité est prescrit pour cette fonction.

Les maires et adjoints des villes de quatre mille habitans. Là encore on ne pourrait qu'approuver le projet; mais l'article 5 dit qu'ils ne pourront être électeurs avant qu'*une loi ait rendu leur nomination à l'élection des citoyens.* Est-ce à dire que l'autorité royale interviendra dans le choix des maires? Une si grande question ne peut être préjugée indirectement; elle vaut la peine d'une loi et d'une discussion spéciales. Il ne fallait pas la jeter ainsi dans le post-scriptum d'un article d'une autre loi.

On pourrait ajouter à ces deux catégories les conseillers des cours royales et les juges de première instance, qui ne pouvaient se trouver sur la seconde liste du jury.

Les membres de l'Institut et des sociétés savantes reconnues par la loi, les officiers en retraite, les docteurs, n'éprouveront sans doute aucune contradiction.

Il s'en élève au contraire de toutes parts contre les licenciés. En effet, on sait avec quelle facilité l'Université confère ce grade. On sait que les examens sont fictifs et illusoires. Ainsi on ne trouve là aucune des garanties qu'on doit chercher. Si le licencié est chargé d'un enseignement public, il y a plus de présomption en sa faveur; mais être inscrit sur le tableau des avocats ou des avoués ne prouve rien. Il y a des avocats inscrits qui passent leur vie sans plaider ni consulter. L'inscription est une pure formalité. Quant aux licenciés qui ne sont pas encore inscrits au tableau des avocats, l'objection est plus pressante encore. Se faire délivrer un brevet de licencié à dix-huit ans, après avoir fait peu ou point d'études, est un titre qui ne peut rien gagner en vieillissant. La loi met dix ans; elle en prescrirait vingt qu'on ne peut entrevoir là nulle garantie.

On a parlé d'exiger des électeurs de cette seconde liste un cens déterminé. Cela n'entre pas dans le système de la loi actuelle et ne s'accorde pas bien avec le genre de garantie qu'on cherche dans cette classe d'électeurs. Il est superflu d'imposer cette condition aux conseillers de département, aux maires des villes, aux membres de l'Institut, aux docteurs, aux officiers en retraite. Resteraient les licenciés et les avocats inscrits au tableau. Il est bien plus simple de reconnaître qu'ils ne présentent pas un texte suffisant.

Quelques personnes proposeront de conférer le droit électoral aux avocats et aux avoués membres du conseil de discipline. A cela il ne peut y avoir d'objection ; c'est honorer, ainsi qu'elle le mérite, une profession qui tient un rang distingué dans la société. Il ne s'agit que d'écarter ceux qui ne l'exercent pas réellement.

Le projet de loi a, on ne sait pourquoi, écarté les notaires ; c'est sans doute une omission.

Ici se termine notre examen. Il a dû se borner à ce qui touche les droits électoraux. Nous aborderons plus tard la question du droit d'éligibilité ; et si la discussion s'engage sur quelques dispositions réglementaires, nous pourrions en occuper nos lecteurs.

IMPRIMERIE D'ÉVERAT, RUE DU CADRAN, N° 16.